Casamento QUASE perfeito

Conheça outros títulos da coleção Autoestima

A arte da meditação, de Daniel Goleman, Ph.D.

A arte da serenidade, de Hugh Prather

A arte de viver, de Sharon Lebell

A essencial arte de parar, de David Kundtz

Aprendendo a conviver com quem se ama, de Neale Donald Walsch

A sabedoria de Gandhi, seleção e introdução de Richard Attenborough

As crianças aprendem o que vivenciam, de Dorothy Law Nolte e Rachel Harris

Conversando com os espíritos e *Em busca da espiritualidade*, de James Van Praagh

Faça o seu coração vibrar, de Osho

Histórias para aquecer o coração, de Jack Canfield, Mark V. Hansen e Heather McNamara

Muitas vidas, muitos mestres e *Só o amor é real*, de Brian Weiss

Não deixe para depois o que você pode fazer agora, de Rita Emmett

O caminho da tranquilidade, de Sua Santidade, o Dalai-Lama

O outro lado da vida, de Sylvia Browne com Lindsay Harrison

O poder das afirmações positivas, *Pensamentos poderosos* e *Sabedoria para viver bem*, de Louise Hay

O poder do silêncio e *Praticando o poder do Agora*, de Eckhart Tolle

Os números secretos dos relacionamentos, de Aparecida Liberato e Beto Junqueyra

Stephanie Dowrick

Casamento QUASE perfeito

Dicas fundamentais para um bom relacionamento

SEXTANTE

Título original: *The Almost-Perfect Marriage*
Copyright © 2007 por Wise Angels Pty Ltd
Copyright da tradução © 2010 por GMT Editores Ltda.
Todos os direitos reservados. Nenhuma parte deste livro pode ser utilizada ou reproduzida sob quaisquer meios existentes sem autorização por escrito dos editores.

tradução
Teresa Bulhões

preparo de originais
Rachel Agavino

revisão
Ana Grillo
Ana Lucia Machado
Cristhiane Ruiz

projeto gráfico e diagramação
Valéria Teixeira

capa
Silvana Mattievich

impressão e acabamento
Lis Gráfica e Editora Ltda.

CIP-BRASIL. CATALOGAÇÃO-NA-FONTE
SINDICATO NACIONAL DOS EDITORES DE LIVROS, RJ

D779c	Dowrick, Stephanie
	Casamento quase perfeito / Stephanie Dowrick [tradução de Teresa Bulhões].
	Rio de Janeiro: Sextante, 2010
	Tradução de: The almost-perfect marriage
	ISBN 978-85-7542-568-8
	1. Relação homem-mulher. 2. Casamento. I. Título.
10-2097	CDD 306.7
	CDU 392.6

Todos os direitos reservados, no Brasil, por
GMT Editores Ltda.
Rua Voluntários da Pátria, 45 – Gr. 1.404 – Botafogo
22270-000 – Rio de Janeiro – RJ
Tel.: (21) 2538-4100 – Fax: (21) 2286-9244
E-mail: atendimento@esextante.com.br
www.sextante.com.br

INTRODUÇÃO

Todo mundo sonha em ter um casamento maravilhoso, mas será que realmente fazemos a nossa parte para transformar esse sonho em realidade?

Quando entramos num relacionamento, estamos apaixonados, envolvidos e completamente encantados pela outra pessoa. À medida que o tempo passa, e os momentos maravilhosos se acumulam, também entramos em contato com algumas características não tão encantadoras de nosso parceiro e, às vezes, o arrebatamento inicial começa a dar lugar a uma certa frustração.

Mas as coisas não precisam ser assim. O casamento perfeito – ou melhor, o casamento *quase* perfeito – pode existir, sim; basta que as duas partes envolvidas estejam dispostas a fazer um esforço amoroso que contribua para o crescimento da relação. Esse esforço inclui olhar para o outro com mais atenção, esperar sempre o melhor do relacionamento, assumir a responsabilidade pelo seu próprio bem-estar, aceitar e oferecer palavras e gestos de amor, valorizar sua identidade e a de seu parceiro, e reconhecer os pontos fortes de cada um de vocês.

Neste livro, a Dra. Stephanie Dowrick oferece diversas dicas para mudar seu comportamento e a forma como vê seu companheiro e seu relacionamento. Ela aborda temas como cumplicidade, tolerância, sexo, dinheiro e filhos, e afirma que uma boa comunicação é a base para um casamento bem-sucedido.

Lembre-se de que a prática leva à perfeição. Você é capaz de se sair bem em qualquer área, desde que pratique bastante. E é perfeitamente possível praticar ser um bom companheiro.

Um compromisso de amor quase perfeito *é* perfeito.

Os momentos que talvez você não tivesse escolhido, os hábitos que acabou de descobrir, as diferenças de opinião e de experiências – tudo isso acrescenta profundidade a seu relacionamento.

Os momentos maravilhosos também são importantes. *E podem ser multiplicados.*

O mais importante é dizer "sim!" a tudo isso, amando e aceitando seu companheiro de todo o coração e também se permitindo ser amado e aceito.

O amor é completamente natural.

Mas a habilidade de vivenciar o amor muitas vezes precisa ser aprendida e aperfeiçoada.

Você tem o poder de elevar ou derrubar o ânimo de seu companheiro.

Leve esse poder a sério.

Suas escolhas vão afetar profundamente seu companheiro, seu relacionamento e você mesmo.

O amor o ensina a cuidar dos outros.

E também lhe oferece a melhor chance de crescer.

∽

Não é a idade, a sexualidade, a riqueza, a religião ou a cultura que vão determinar o sucesso de seu relacionamento.

Mas sim o seu desejo de descobrir o que é o amor.

Quando você se apaixona, passa a ver e sentir a perfeição na outra pessoa.

E também consegue perceber o que há de melhor em si mesmo.

Essa visão da perfeição é sagrada.

À medida que a vida se tornar mais complicada, tente manter essa visão.

Faça com que ela conviva com o conhecimento mais profundo de quem vocês dois são.

Respeitar a si mesmo e se sentir bem depende de como você trata as outras pessoas – especialmente as mais próximas de você.

É um círculo virtuoso: quanto melhor você tratar os outros, *melhor vai se sentir.*

Quanto melhor você se sentir (e quanto menos obcecado por si mesmo você for), mais fácil será ter consideração pelos outros.

*O*lhem *um para o outro.*

Principalmente nos dias atribulados, parem um momento e estejam presentes de fato.

É muito fácil não dar atenção ao companheiro de quem você tanto gosta.

Sempre que fazemos uma pausa, nos olhamos e nos conectamos, *o amor revive.*

Tenha o amor como referência para tudo o que fizer.

Se estiver em dúvida sobre o que fazer, pergunte a si mesmo: "É gentil agir assim?"

Para curar velhas feridas, não existe bálsamo mais poderoso do que uma experiência amorosa profundamente compartilhada.

Se você foi ferido no passado, acredite que é capaz de superar isso.

Nessa nova relação, *espere sempre o melhor*.

Baseie seu relacionamento na confiança e no amor.

Se seu companheiro fizer algo que o desagrade ou assuste, tente perceber até que ponto suas próprias reações podem estar dificultando a situação.

Ao aprender a viver amorosamente, *use as reações de seu companheiro como guia.*
Faça mais vezes aquilo que o alegra.
Evite fazer qualquer coisa que o entristeça.
Viu como o amor é simples?

ᘒ

Como você *recebe* palavras e gestos de amor?
Se você costuma rejeitá-los, ridicularizá-los ou subestimá-los, na verdade está desmerecendo a si mesmo e a seu relacionamento.
E isso fere os sentimentos de seu parceiro.
Deixe o amor entrar na sua vida. Diga com sinceridade:
"Que maravilha."
"Muito obrigada."
"Eu também te amo."

A confiança mútua é fundamental para a intimidade.

"Tenho certeza de que você sempre vai dar o seu melhor por mim."

"Tenha certeza de que sempre darei o meu melhor por você."

၅

Nem sempre seu companheiro vai querer o mesmo que você.

Isso é um desafio para seus planos e talvez para seu ego.

Mas não precisa ser um desafio para o seu relacionamento.

Não adie o amor.

Expresse o que sente agora, enquanto pode.

As velhas regras continuam valendo: nunca saia de casa sem uma despedida carinhosa; sempre se cumprimentem com afeto; fale com gentileza; nunca vá dormir zangado; seja *grato*.

※

É essencial que os dois se divirtam juntos.

Verifique se isso é prioridade no seu relacionamento.

Se não for, faça com que seja!

※

Qualquer coisa pode ser superada quando você confia em seu compromisso. "Estamos nisso juntos."

Seja uma pessoa *fácil de amar*.
Fácil de amar implica ser bem-humorado, demonstrar interesse e entusiasmo, ser encorajador, otimista e capaz de perdoar.
Fácil de amar significa demonstrar carinho sempre, mesmo que não esteja "no clima".
Fácil de amar também implica pedir desculpas imediatamente quando alguma coisa não dá certo.
Fácil de amar significa ser capaz de aprender com os erros e seguir em frente.

༂

Quando você não se comporta de acordo com o que diz, cria uma distância entre você e seu companheiro.
Pense, fale e *aja* de maneira amorosa.
Valorize a coerência.

O bom humor pode ser uma das coisas mais valiosas de um relacionamento.

Isso significa:
- Não ter variações de humor.
- Interpretar os acontecimentos positivamente.
- Tolerar diferenças de opinião.
- Não perder de vista o que é mais importante: "Eu amo essa pessoa."
- Administrar a tensão e o estresse.
- Aceitar quando as coisas não saem como você esperava.
- Admitir que às vezes vocês não vão se entender – e conseguir superar isso.
- Fazer o que é necessário *para o bem do outro*.
- Ter satisfação com o relacionamento e com o parceiro.

Na intimidade, as pequenas coisas é que são *grandes*.

༂

Ideias preconcebidas sobre os sexos têm um papel importante em muitos relacionamentos.
"As mulheres deveriam..." "Os homens sempre..."
Conversem abertamente sobre o que isso significa para vocês.
Descubra em que estereótipos você mesmo acredita.
- Perceba quando estiver se deixando levar por generalizações inúteis.
- Perceba quando as expectativas de seu parceiro parecerem irreais ou injustas.

Vejam a si mesmos como duas pessoas moldadas pelo sexo, mas não limitadas por ele.

Dividam as responsabilidades da vida de acordo com seus talentos e interesses, e não de acordo com o sexo.

Se praticar, você pode ser bom em qualquer coisa.
Pratique ser um companheiro amoroso.
Preste atenção às pessoas que já são boas nisso.
Veja o que funciona e *experimente*.
Observe o que melhora o humor de seu companheiro.
Faça essas coisas mais vezes.

Quando se trata de amor, é preciso pensar como poeta, não como contador.
Não mantenha um balanço de quem fez o que e quem está em dívida.
Nem de quantas vezes você está certo e seu parceiro, errado.
Ser amoroso é muito mais importante do que estar certo.

Um relacionamento saudável lhe dá suporte.
Mas não resolve todos os seus problemas.

৩

A empatia é fundamental para a intimidade.
Empatia não significa sentir as emoções da outra pessoa.
Mas sim reconhecer e entender esses sentimentos. "Não estou na sua pele, mas me importo com o que você está sentindo."

৩

Com a intimidade você corre o risco de ter sua mente, seu corpo, seu espírito e seu coração transformados.

Se você não está feliz consigo mesmo, nem o mais amoroso dos companheiros conseguirá "fazer você feliz" por muito tempo.

Assuma a responsabilidade pela sua saúde emocional e pelo seu bem-estar.

Isso vai ser muito bom para seu companheiro e para seu relacionamento.

୬

Silencie as queixas sobre si mesmo.

Pare de se criticar – seja em público ou em particular.

O modo como você trata a si mesmo afeta todos os seus relacionamentos, especialmente os mais íntimos.

Aceite quem você é.

Abra os olhos para os pontos fortes que você pode aperfeiçoar e compartilhar.

É muito tentador "despejar" sua negatividade em outra pessoa – especialmente em quem você ama.

Mas isso não vai aliviar sua tensão.

Nem fortalecer seu relacionamento.

Guarde os seus sentimentos.

Faça alguma coisa com relação a eles.

Perceba como seu humor interfere em suas interpretações.

Tenha a certeza de que, quando os outros parecem particularmente irritantes, *você não deve estar num bom dia.*

༄

Quando uma mudança de atitude ou de comportamento for necessária, deixe o amor ser sua inspiração.

Não é preciso esperar "estar no clima" para criar uma mudança positiva.

Quando você muda sua maneira de agir, suas emoções também mudam.

☙

Divida a responsabilidade pelo cuidado emocional.

Isso inclui pensar no bem-estar da outra pessoa; lembrar o que é importante para ela; aceitar suas vulnerabilidades e incentivar ativamente seus pontos fortes.

Significa tratar bem um ao outro, *sempre*.

O complicado do amor?

Muitas vezes, aquilo que nos atrai é justamente o que vai nos irritar no futuro.

A "paixão por aventuras" que passa a ser vista como irresponsabilidade.

A "vontade de se divertir" que exige disponibilidade constante.

A "paixão" que se torna obsessiva.

A "devoção" que se torna ciúme.

A "serenidade" que passa a ser interpretada como passividade.

A "solidez" que torna o parceiro previsível.

O "brilhantismo" que é o outro lado da arrogância.

O "compromisso" que parece controlador.

Aceitar sua própria complexidade torna mais fácil aceitar a complexidade do seu companheiro e faz com que você seja muito menos crítico e pare de reagir de forma exagerada.

Controle sua necessidade de reafirmação.

Aprenda a se tranquilizar.

Lembre-se: "Sou amado e mereço isso. *Sou uma pessoa amorosa.*"

Pedir reafirmação constante alimenta suas inseguranças.

Isso enfraquece seu relacionamento.

E é irritante.

☙

Ações são importantes.

Na verdade, mais importantes do que palavras.

Comporte-se de maneira amável.

Fale e aja com educação.

Seja gentil.

Morda a língua quando se sentir tentado a dizer palavras duras.

Aprenda a manter a calma quando estiver ansioso ou agitado.

Encontre meios criativos de demonstrar quando alguma coisa lhe agrada.

Quanto mais "apaixonado" você está, mais importante é manter e valorizar sua própria identidade.

A melhor maneira de fazer isso é:
- Valorizar a individualidade de seu parceiro tanto quanto a sua.
- Resistir à tentação de rotularem um ao outro.
- Comunicar-se com entusiasmo.
- Aceitar as diferenças sem medo.
- Poder desfrutar algumas coisas tanto juntos quanto separados.
- Confiar incondicionalmente.
- Controlar suas próprias necessidades emocionais.
- Responsabilizar-se por sua própria saúde e bem-estar.
- *Sempre* considerar que há mais a conhecer.

Analise suas ideias não reveladas sobre como acha que uma relação amorosa "deveria ser".

Isso é humanamente possível? Ou as pessoas teriam que ser anjos?

Preste atenção ao que você tem e ao que pode dar. *Desenvolva isso.*

Aceite o poder do temperamento.

Tenha clareza sobre o seu temperamento e o de seu parceiro: tranquilo, criativo, ansioso, defensivo, atento, impulsivo, extrovertido, ousado, intenso, plácido, nervoso.

Conversem sobre como vocês encaram seus pontos fortes e fracos.

Conheça suas "questões pessoais". (Todo mundo tem as suas.)

Aceitar temperamentos e vulnerabilidades pode tornar situações tensas muito menos pessoais. ("Ele sempre fala alto quando está com os amigos." "Ela costuma ficar tensa antes de uma apresentação importante.")

Pense em si mesmo como uma pessoa abençoada.
Faça com que suas atitudes e escolhas reflitam isso.
Faça alguma coisa "a mais" para seu parceiro todos os dias, durante um mês, sem falar no assunto nem esperar elogios ou agradecimentos.
Você está escolhendo expressar amor.
No fim do mês, renove seu contrato consigo mesmo.

༄

Você sabe do que seu parceiro mais gosta em você?

Por que fazer a mesma "besteira" repetidamente, *mesmo quando ela não ajuda você a conseguir o que quer?*

Identifique o que você quer. ("Quero que sejamos mais próximos.")

Depois se pergunte se o que tem feito o ajuda a conseguir isso. ("Discutir, criticar? Acho que não.")

Pergunte a si mesmo se vale a pena mudar de atitude.

Tenha compaixão e bom humor consigo mesmo.

Conversem sobre o que vocês querem e tentem encontrar meios de conquistar isso.

O amor é a grande "salvação".

No entanto, isso não significa que em nossos relacionamentos devemos nos precipitar para salvar o outro nem pedir que ele nos salve.

Para não tentar salvar o outro você precisa mostrar a seu companheiro que confia nele e em sua capacidade de aprender com os erros.

Para não precisar ser salvo você deve se responsabilizar por suas próprias atitudes – e pela pessoa que está se tornando.

☙

Em momentos difíceis, atenha-se aos fatos.

Você ama e é amado.

Deixe que a consciência desse fato fundamental oriente seu comportamento.

Examine friamente o modo como trata seus amigos, sua família, seus colegas e seu parceiro.

Seu companheiro será sempre mais – e não menos – vulnerável a suas atitudes e a seu comportamento do que qualquer outra pessoa.

Não espere que ele lhe faça concessões que você não esperaria de outras pessoas.

Dê a ele o melhor de si. Sempre.

Crianças, família, amigos, colegas e animais de estimação – todos são importantes.

Mas mantenha seu companheiro *no centro da sua vida*.

Deixe que o amor de vocês beneficie todas as outras relações.

O amor só é amor quando é generoso.

※

Será que sua casa é um lugar de descanso para *vocês dois*?
Preste atenção a quem está fazendo o que e por quê.
Descubra exatamente quais as tarefas que você *não* está fazendo.

Observe:
- Quem organiza o que tem de ser feito.
- Quem sempre cede.
- Quem precisa e quer ter prioridade.
- De quem são as emoções que dominam o tempo que vocês passam juntos.
- Quem "nunca" pode mudar seus planos.
- Quem decide o que é importante.
- Quem "faz as coisas melhorarem".
- Quem precisa de reafirmação e quem a oferece.

Alguns casais podem passar a vida toda juntos sem perceber essas dinâmicas essenciais.

Enquanto você não percebe, não pode escolher.

Num relacionamento saudável, o poder é dividido entre iguais.

Diferenças de idade, sexo ou poder aquisitivo não deveriam ser barreiras para uma convicção básica: *a vida, as opiniões, as escolhas, as experiências, os atos e as decisões de seu companheiro têm o mesmo valor que os seus.*

☙

"Não posso viver sem você" não é um elogio.

Ninguém deveria valorizar uma vida vazia.

Quanto mais segurança em si você tiver, mais seguro pode ser seu relacionamento.

Segurança é algo que você precisa dar a si mesmo.

Ela vai transformar completamente o que você pode dar aos outros e receber deles.

Seu humor e suas emoções afetam todos os que o cercam, ainda que você se sinta completamente sem forças.

Assuma a responsabilidade pela atmosfera emocional que está criando.

Aja com alegria e gentileza.

Seus sentimentos vão corresponder a seus atos.

༄

Está achando seu companheiro insuportavelmente irritante?

Pois este é o momento de se perguntar: "O que está acontecendo comigo?"

Em vez de projetar sua negatividade no outro, esses momentos difíceis são uma grande oportunidade de aumentar sua percepção.

Veja como *seu próprio humor* influencia sua capacidade de criticar ou gostar das coisas.

A culpa pode fazer as pessoas agirem com frieza ou agressividade.

Para evitar seus próprios sentimentos de medo, vergonha ou confusão, você pode achar que seu parceiro está "errado" ou "sendo cruel".

Isso só piora a situação.

O que torna as coisas melhores é *encarar o que você fez* e admitir o fato para si mesmo.

Depois, tentar corrigir suas atitudes e ações.

❦

A intimidade oferece uma oportunidade incrível de ver o mundo através dos olhos de outra pessoa.

Tenha prazer nas diferenças de experiência e de pontos de vista de vocês, mesmo (e principalmente) quando essas diferenças são difíceis e desafiadoras para você.

O mundo não acaba na porta da sua casa.

Cuidar de pessoas que estão além de seu círculo imediato afeta profundamente o bem-estar de seu relacionamento.

As pessoas mais felizes são sempre as mais generosas e capazes de incluir as outras.

ஓ

Se você está deixando algum aspecto de seu relacionamento inteiramente nas mãos de seu parceiro (cozinhar, pagar as contas, limpar a casa, cuidar das crianças), *não tem o direito de se queixar a respeito de como isso está sendo feito.*

As tarefas dos outros podem parecer simples.

As nossas podem parecer enormes.

Preste atenção àquilo que você só percebe que é importante *quando deixa de ser feito.*

Observe as tarefas de que seu companheiro costuma cuidar. *Faça-as por ele.*

ஐ

Elogie, encoraje, admire e valorize.
Faça isso explicitamente, com prazer e imaginação.
Isso traz três grandes benefícios:
- Faz com que seu companheiro saiba que você o ama e admira.
- Faz com que *você mesmo* não se esqueça do que é maravilhoso em seu parceiro.
- É a melhor maneira de evitar que vocês dois deixem de valorizar um ao outro.

Nunca estrague o prazer de seu companheiro.

Aprenda a ficar feliz com a *felicidade dele*.

Não se sente feliz?

Aja como se estivesse. É surpreendente como logo esse sentimento se tornará verdadeiro.

Mesmo quando seu companheiro tem aquilo que você quer (uma nova oportunidade, admiração dos outros, mais amigos, uma família mais estruturada, sucesso financeiro), *fique feliz por ele*.

Quando forem capazes de se alegrar um pelo outro, vocês serão mais confiantes.

E isso também fortalece incrivelmente seu relacionamento.

Palavras negativas, olhares amargos e irritação são como flechas envenenadas.

Procure bani-las de sua casa.

⚘

"Ter problemas" não é um problema.

Só se torna um problema quando você não sabe conversar, ouvir e lidar com a situação.

Quando surgir um problema, *dividam a responsabilidade* pela solução.

Unam sua capacidade de resolvê-los.
Fiquem do mesmo lado.
Perguntem-se: "Como *vamos* lidar com isso?"
Procurem *juntos* soluções e acordos.
Tentem fazer com que os dois saiam ganhando.

෴

Encare os pontos fortes de cada um de vocês como contribuições para o relacionamento.

Faça uma lista deles.
Talvez você se surpreenda positivamente com o que seu companheiro vê e você nem tinha percebido.
Reconheça e valorize essas qualidades.
Em momentos difíceis ou complexos, *lembre-se delas*.
E coloque-as em prática.

Nem sempre vai ser fácil tomar decisões juntos, mas num relacionamento sincero grandes decisões não podem ser tomadas de outra maneira.

A avaliação de todos os envolvidos ajuda muito.

"O que vai funcionar melhor para nossa relação agora?" Essa é uma pergunta importante e quase sempre muito esclarecedora.

୨୧

A capacidade de fazer concessões é fundamental em qualquer relacionamento bem-sucedido.

Em essência, isso significa nem sempre fazer as coisas do seu jeito.

Quase nunca perguntamos à pessoa que mais amamos como ela gostaria que nos comportássemos.

Você teria coragem de fazer isso?

൭

Brigar nunca vai lhe dar aquilo que você quer, porque o *motivo* pelo qual você está brigando quase nunca é o seu *objetivo*.

O pior momento para começar uma discussão é quando você está com uma vontade irresistível de brigar.

Dê uma caminhada, tome um banho, vá lavar o carro: afaste-se da tentação.

Acalme-se e então veja o que você quer, *antes* de levantar a voz e começar a argumentar.

Superar tempos difíceis juntos dá ao relacionamento uma profundidade valiosa.

"Como podemos nos ajudar a passar por isso?" Essa é uma das perguntas mais amorosas e repletas de esperança que um casal pode se fazer.

༄

Relacionamentos são tão dinâmicos quanto as pessoas envolvidas neles.

Eles não só variam dia a dia, como têm seus próprios ciclos: uma intensa proximidade pode dar lugar a certa distância e depois voltar.

Isso não diminui a qualidade da relação.

É impossível conhecer completamente outra pessoa.

Mesmo – e às vezes principalmente – aquela que você mais ama.

Aceite a complexidade de seu companheiro.

Nem sempre ele sabe exatamente por que fez alguma coisa. Ou por que tem ao mesmo tempo opiniões e necessidades conflitantes.

Muitas vezes você também não sabe.

Valores compartilhados fortalecem o relacionamento.

Eles lhe dão suporte, especialmente quando você pode colocá-los em sua vida.

Converse sobre seus valores – por que eles são importantes e o que significam para você.

Confie neles para obter apoio e inspiração.

Coragem. Delicadeza. Lealdade. Bom humor. Alegria. Generosidade. Fidelidade. Tolerância. Confiança. Perdão.

Pessoas inteligentes não precisam pensar exatamente da mesma forma.

Em relacionamentos saudáveis as concordâncias podem ser apenas momentâneas.

Quase ninguém sabe exatamente quais são seus limites, até se sentir invadido, coagido, ignorado, desprezado, incompreendido ou enganado.

Respeitem os limites e a individualidade um do outro.

Entenda que mesmo estando genuinamente apaixonados vocês continuam sendo duas pessoas diferentes e separadas.

Importe-se de verdade com os interesses de seu parceiro. *Sejam interessantes um para o outro.*
Isso, além de beneficiar o relacionamento, expandirá os horizontes de cada um de vocês.

༄

Valorizar as necessidades de seu companheiro mas não as suas pode ser uma maneira de controlá-lo ou de se sentir necessário.

É difícil fazer isso sem experimentar algum ressentimento ou até autopiedade.

"Estou fazendo tudo por você." Se disser essas palavras, pergunte-se o porquê.

É maravilhoso ser um companheiro amoroso, mas nunca à custa de sua própria integridade.

Surpresas esquentam o relacionamento.

Fazer uma massagem nos pés, em vez de limpar a casa. Comprar ingressos para o teatro em cima da hora. Desenvolver novos e diferentes interesses. Colocar a música favorita de vocês para tocar no quarto. Esconder um bilhete na gaveta. Enviar um presente para o trabalho. Chegar mais cedo para preparar o jantar. Desistir de uma briga. Estar de bom humor apesar do dia difícil.

Quando sentir que seu relacionamento está "sem graça", não fique batendo nessa tecla!

Pense no que funciona bem entre vocês e crie oportunidades para que essas coisas aconteçam mais vezes.

Observe o que você admira na relação de outras pessoas e tente fazer as mesmas coisas.

Encontre tempo para conversar – não necessariamente sobre o relacionamento, mas sobre coisas que estimulem e mobilizem vocês dois.

Procure a companhia de pessoas *estimulantes*. (O entusiasmo é contagiante.)

Brinque mais.

Celebre mais.

Crie mais surpresas e prazeres.

Ria muito mais.

As boas conversas não só sustentam um relacionamento. Elas o salvam.

A cada uma ou duas semanas, preste muita atenção no que vocês estão conversando.

Observe se são conversas positivas, francas e estimulantes. (Será que é tão estimulante para seu companheiro quanto para você?)

Leia muito.

Pense bastante.

Receba com prazer tudo o que desafia suas opiniões estabelecidas.

Troquem opiniões e histórias.

Aceitem de bom grado os conselhos um do outro.

Continuem sempre aprendendo.

Suas "mensagens de amor" não estão sendo entendidas?
Observe seu *comportamento* do ponto de vista de seu companheiro.
Intenções amorosas nem sempre são óbvias.
Faça com que elas fiquem claras por meio de suas ações.

ઝ

Quando se sentir tentado a criticar, *pare*.
Mesmo no meio de um frase, *pare*. ("Eu já ia começar de novo. Me desculpe.")
Releve pequenas irritações.
Se o assunto tem consequências importantes para você, encontre uma maneira construtiva de conversar sobre ele, quando não estiver mais irritado.
Se criticar seu companheiro é uma maneira de aliviar sua tensão, expressar sua insatisfação com a vida ou com seu chefe, trate de encontrar outra forma de fazer isso.
Criticar *sempre* magoa.

Tensão e estresse minam até o mais amoroso dos relacionamentos.

Aprenda a administrar seu tempo e suas prioridades. "Tudo sempre fica pior quando faço coisas demais."

Aprenda a se acalmar. "Eu consigo lidar com isso."

Evite transformar problemas em catástrofes.

Treine pensar sempre focando as soluções. "O que é preciso fazer aqui?"

Respire fundo e devagar para relaxar seu corpo e sua mente.

Homens têm menos facilidade para lidar com o estresse do que mulheres. Ambos precisam desenvolver igualmente essa habilidade.

Quando seu companheiro estiver com raiva ou aborrecido, *não* reaja na defensiva nem com agressividade.

Espere.

Acalme-se.

Comece a conversar – se for mesmo necessário – de forma neutra e calma, mesmo que você tenha todo o direito de estar irritado.

Espere um momento (muito) melhor.

Essa estratégia exige muito autocontrole, mas reduz consideravelmente os danos.

৵

Amar, sem dúvida, significa pedir "perdão" às vezes.

Se o outro ficou chateado, mesmo que você não ache que tenha culpa, diga: "Me desculpe se magoei você. Como posso reparar isso?"

Todo relacionamento tem seus momentos ruins.

Veja esses momentos sob outra perspectiva, *levando em consideração sua vida como um todo.*

Se de uma maneira geral as coisas vão bem, siga em frente.

Se os momentos ruins forem numerosos, perguntem-se: "Qual é o motivo agora?" Às vezes, alguma coisa externa pode estar repercutindo dentro do relacionamento.

Mantenham o senso de humor.

Conversem honestamente.

Controlem o clima que cada um de vocês está criando.

୧୨

É muito fácil falar sobre como *outra pessoa* está se excedendo em alguma coisa ou sendo omissa.

Muito mais difícil é assumir o que você mesmo está fazendo (ou deixando de fazer).

Casais que se tornam mais felizes à medida que os anos passam compartilham as seguintes características:
- São verdadeiros amigos, além de amantes.
- Mantêm sua individualidade, apesar de formarem um casal.
- Focam seus pontos fortes, não suas fraquezas.
- Conseguem negociar e sabem ceder.
- Conversam entre si e um sobre o outro de forma positiva.
- Conseguem enfrentar e resolver conflitos.
- Veem o relacionamento como sendo de responsabilidade dos dois – e o encaram com alegria.
- Compartilham valores e os praticam.
- Dividem sonhos e esperanças.
- Acreditam em alguma coisa maior do que eles mesmos.
- São capazes de rir, conversar, brincar e se divertir.

Para viver com outra pessoa é necessário incluí-la em seus pensamentos.

"Como isto vai afetar meu companheiro?" Essa não é uma pergunta que ocorra facilmente a todo mundo.

Desenvolva o hábito de pensar também no outro.

༄

O hábito embota nossos sentidos.

Por mais confortável que seja sua rotina, fuja dela de vez em quando.

Abandone sua zona de conforto.

Durma do outro lado da cama. Deixe que o motorista vire passageiro.

Saia no meio da semana ou vá a lugares onde nunca esteve.

Aprenda algo novo. Pratique um novo esporte.

Faça convites de última hora aos amigos.

Faça o que der vontade.

Inverta os papéis – deixe o líder seguir, e quem segue, liderar.

É uma delícia usar roupas confortáveis em casa.

Mas também é maravilhoso ver seu companheiro bem-arrumado e se vestir bem para ele.

Vista-se muito bem de vez em quando.

Mexa-se.

Saia de casa, deixe sua zona de conforto.

Exiba-se um pouco.

༄

O sexo tem um lugar especial num relacionamento íntimo.

Sexo pode ser muitas coisas: engraçado, apaixonado, restaurador, calmante, tranquilizador e, acima de tudo, amoroso.

Exatamente como seu relacionamento, o sexo também tem seus períodos, suas variações e mudanças de humor.

Verifiquem suas ideias e expectativas a respeito do sexo.

Conversem sobre elas.

Falem sobre o que é ou não "normal" para vocês.

Ouçam um ao outro com atenção.

Divirtam-se com isso.

Conheçam-se melhor.

Mas também tenham cuidado. A maioria das pessoas fica muito vulnerável ao falar de sexo – especialmente aquelas que a princípio parecem mais liberais.

A percepção do momento é crucial na dança da intimidade. Não importa quão urgente uma coisa seja para você, *pode não ser um bom momento para seu companheiro.*

Saber como e quando expressar suas necessidades é algo que pode levar anos para se aprender e dominar.

O que mais ajuda é a sua disposição para observar o efeito que você está provocando em seu companheiro – aprenda com isso e permita que suas necessidades interiores sejam flexíveis.

Viver com paixão é outra maneira de amar com paixão.

⁌

Fidelidade é importante.
   Ela mantém seu amor especial.
   Mantém o aspecto sagrado da sua relação.
   Aprofunda a confiança.
   Quando vocês têm certeza de que ambos são leais à integridade do relacionamento, podem encarar o mundo com curiosidade, confiança e prazer.

Sexo pode ser natural, mas para um número surpreendente de pessoas não é nada fácil.

Procurar ajuda de um terapeuta profissional, inteligente e bem-humorado não é sinal de fraqueza.

É uma prova de amor.

E mudanças positivas *sempre* podem ser alcançadas.

ട

A pressão acaba com a espontaneidade.

No sexo, mais do que em qualquer outra coisa, o caminho é mais importante do que a chegada.

Muita gente tem traumas sexuais. Vá com cuidado.
Não tenha medo de pedir o que você quer.
Mas não fique ansioso para conseguir isso logo.
À medida que a confiança aumenta, as pessoas se sentem mais livres.
Mesmo que nem sempre de forma previsível.

※

Tentem observar em que momentos vocês mais gostam de fazer amor.
Conversem sobre isso.
Encontrem o meio-termo.
E nunca subestimem o poder da surpresa.

Abracem-se com frequência.

Beijem-se muito.

Fiquem de mãos dadas, tomem banho juntos, façam massagens, cozinhem e cuidem juntos do jardim; dancem, cantem e toquem-se com amor, sem necessariamente ter que fazer sexo.

೨

Algumas mulheres gostam mais de fazer amor do que alguns homens.

Isso não é uma coisa de "homem ou mulher", mas uma "questão pessoal".

Conversem sobre o que vocês querem.

Conversem sobre as várias maneiras de conciliar suas necessidades de afeto, afirmação e intimidade.

O sexo é apenas uma entre muitas expressões de amor.

Descubram o que faz vocês se sentirem mais relaxados.

Os homens em geral ficam mais vulneráveis antes e durante o sexo.

Mulheres tendem a ficar mais vulneráveis logo depois.

Levar isso em consideração fortalece o amor.

༄

Nunca peça que alguém "prove" que ama você – principalmente se isso exigir que a pessoa faça algo doloroso ou humilhante.

Essa é uma atitude infantil e manipuladora.

E também pode ser perigosa.

Mostre seu amor descartando a pressão.

O romance é uma maneira sublime de expressar quão especial cada um de vocês é para o outro.

O romance vem ao encontro dos nossos mais profundos anseios de aceitação e beleza espiritual.

O "comportamento romântico" desenvolve a criatividade, a imaginação, o carinho, a capacidade de proteger e de brincar, e o amor de vocês.

Os grandes momentos surgem a partir dos pequenos. Faça com que todos eles sejam importantes.

༄

Descubra muitas maneiras diferentes de dizer "eu te amo" em voz alta.

Descubra muitas maneiras diferentes de expressar "eu te amo" em silêncio.

Pensem um no outro como um presente – talvez de Deus, do Universo ou da vida.

༄

O dinheiro é tanto uma moeda emocional quanto financeira.
Encontrem uma maneira de administrar seu dinheiro que seja adequada e transparente para ambos.

As atitudes em relação ao dinheiro são moldadas em nossas famílias de origem.

Na maioria dos casos, nós as reproduzimos sem entendê-las conscientemente.

Por isso é muito importante *prestar mais atenção em suas atitudes do que em suas intenções.*

Conversar sobre dinheiro é uma maneira de vocês dois se conhecerem melhor.
- Discutam sobre o que "o bastante" significa e o que cada um considera "essencial".
- Conversem sobre pedir emprestado, construir um patrimônio e "compartilhar".
- Observem qual dos dois está comprando as coisas pequenas cujo valor vai se acumulando.
- Nunca confundam diferenças de renda com diferenças de valor pessoal e poder.
- Não confundam contribuições financeiras com contribuições emocionais.
- Nunca usem o dinheiro para ameaçar, corromper, coagir ou manipular.
- Lembrem-se de que a riqueza emocional vale mais do que qualquer outra.

O fato de ser homem ou mulher também tem um papel importante. Cuidado com as expectativas inconscientes.

Uma atmosfera amorosa é muito mais importante do que qualquer coisa que o dinheiro possa comprar.

☙

A maioria das pessoas prefere ser sempre tratada com gentileza a ser coberta de presentes de vez em quando.

☙

Não é possível construir um relacionamento com alguém sempre ausente.

A qualidade do tempo só faz diferença quando existe também uma quantidade razoável dele.

Cuidado com "emoções deslocadas", ou seja, extravasar sentimentos sombrios provenientes de outras situações sobre as pessoas que você ama.

Se você está tenso, confuso, irritado ou agressivo, controle esses sentimentos.

Reconheça a origem deles e por que são tão perturbadores.

Converse sobre eles honestamente.

Se fizer isso, é pouco provável que sinta necessidade de "explodir".

Seja lá como você se sentir, assuma o controle de seus atos.

Certas palavras trazem muitas associações inconscientes.

Conversem sobre as palavras "marido", "esposa", "companheiro", "pais" e "amante". Elas têm um poder imenso.

Sejam honestos um com o outro com relação ao que isso significa para vocês.

Observem como vocês têm vivenciado esses papéis sem pensar muito sobre eles.

Essas conversas podem ser especialmente úteis quando você sente que estão exigindo "demais" de você, ou que está recebendo "muito pouco".

༄

Nunca fale sobre seu companheiro de maneira desrespeitosa.

Não importa se ele está ouvindo ou não.

É a maneira como você pensa e fala que vai moldar sua capacidade de amar e de ser leal.

Questione os valores e crenças com que você foi criado – especialmente no que diz respeito a relacionamentos.

Alguns podem servir para sua vida, mas, enquanto você não os assumir como seus, não vão lhe trazer nenhum benefício.

Não viva a vida dos outros.

Crie a sua.

♾

Seu casamento não é uma microempresa que deve ser administrada com máxima eficiência.

Deixe que ele seja apaixonado, criativo, suave, espontâneo, relaxante, excitante, bagunçado, romântico, precioso e imprevisível...

E *o que mais?*

Ter filhos é um privilégio e uma alegria indescritível.

Também é caro, exaustivo e exige muito de nós.

Se o relacionamento de vocês inclui filhos, *ajudem-se mutuamente*.

Conversem sobre o que "ser pai" ou "ser mãe" significa para cada um de vocês.

Prestem atenção ao que cada um de vocês faz bem. Valorizem e elogiem essa habilidade.

Reconheçam que os dois são completamente inexperientes no que diz respeito a educar crianças.

E que irão aprender com a prática.

Todo pai e toda mãe precisam de um tempo de descanso de verdade.
Isso não é um privilégio nem um favor.

⸕

A maior parte do que seus filhos vão aprender sobre o amor vai depender de como vocês o vivenciarem.

O sexo e o trabalho doméstico precisam ser constantemente renegociados.

As funções do pai e da mãe também.

❧

Quem é que você está criando?
Filhos precisam de pais.
Um cônjuge adulto precisa de... outro cônjuge adulto.

❧

Encontrem tempo um para o outro, mesmo – e principalmente – quando "não tiverem tempo".

Conversem sobre a infância de vocês. Vejam fotos. Invoquem lembranças.

Às vezes comportamentos que parecem estranhos ou distantes têm origem nos primeiros anos de vida.

Vistos de outro ângulo, eles podem fazer mais sentido para você e seu companheiro.

Depois de discuti-los, vocês poderão lidar com eles de maneira mais leve.

Esse é um meio maravilhoso de descobrir mais coisas sobre seu parceiro.

Aprender mais sobre a criança que existe no outro só aumenta o carinho e o amor que existe entre vocês.

༄

Analisem o casamento de seus pais do ponto de vista de um adulto, não de uma criança.

Compartilhem histórias.

Vejam o que podem aprender.

Conversem sobre as escolhas que seus pais fizeram e suas consequências.

Escolham ativamente como querem que seja sua relação.

෴

A amizade é importante.

Ter um companheiro que também é seu melhor amigo é uma das maiores dádivas em um relacionamento.

Mas não deixe de lado seus outros amigos. Eles também trazem vitalidade, profundidade e segurança para sua vida.

Quando você não depende só de seu companheiro para "tudo", fica muito mais fácil aceitar e gostar do que você tem.

Abra sua vida para incluir os amigos e a família de seu companheiro.

Fale deles com carinho e de maneira positiva.

Valorize as diferenças entre eles e sua própria família e amigos.

Sempre os receba com alegria em sua casa.

Respeite o tempo que seu companheiro passa com eles.

※

O ciúme azeda o amor.

Encare-o como qualquer outra forma de ansiedade.

Não se esqueça do que já sabe – que seu parceiro valoriza o relacionamento tanto quanto você.

Mantenha o foco no que é positivo.

Comporte-se como se não estivesse com ciúmes: dê ao outro o benefício da dúvida, não fique remoendo problemas, não acuse, mostre que você confia e é confiável.

Se você conseguir desviar a atenção, seu ciúme vai se dissipar.

Ouvir e ser ouvido são os dois pilares da comunicação íntima.

Ouça o som, a altura, o tom e as emoções de sua própria voz e sinta o que eles transmitem.

Preste atenção ao que você fala e avalie honestamente se sua conversa é interessante.

Ouça o outro com o coração e a mente abertos.

Tente entender as emoções por trás do que está sendo dito.

Aprenda a não interromper nem impor seus próprios assuntos.

Converse sobre saber ouvir. E ouça.

Ouça *a si mesmo* com atenção.

No exato momento em que você se ouvir gemendo, resmungando, debochando, vociferando, ofendendo, gritando e criticando, PARE!

Mesmo que esteja no meio de uma frase, PARE!

Respire devagar e relaxe.

Como qualquer outra pessoa, seu companheiro detesta esse tipo de comportamento.

E vai ficar encantado com seu autocontrole.

※

Se alguma observação maldosa escapar, *peça desculpas.*
Nunca finja que você não pôde evitar o comentário.

"Me desculpe" só é válido quando acompanhado de uma nítida mudança de comportamento.

⌘

Escutar atentamente é essencial para a intimidade.
Sem dar conselhos.
Sem corrigir.
Sem interromper.
Sem se desligar.
Sem clichês.
Apenas ouvir.

⌘

Escutar é uma maneira profunda de valorizar.
"Você não podia (ou não devia) ter pensado assim..." é uma expressão invasiva e humilhante.

Por mais amoroso que seja, seu companheiro não pode ler seus pensamentos.

Fale em alto e bom som tudo o que for importante.

൭

A boa comunicação não se limita às palavras.

Aprenda a ler a linguagem corporal de seu companheiro.

Observe o rosto, os olhos e a expressão dele.

Tente entender o que seus interesses e entusiasmos revelam.

Observe também sua própria linguagem corporal.

O que seu corpo está dizendo às outras pessoas, especialmente a seu companheiro?

Uma relação de amor é profundamente terapêutica. Isso significa que ela pode curar antigas feridas, melhorar seu ânimo e ajudá-lo a desenvolver suas maiores qualidades.

Mas as coisas não dão certo quando alguém espera que a outra pessoa resolva todas as dificuldades de sua vida.

Se você precisa de terapia, procure um terapeuta.

༄

Você tem todo o direito de dizer o que não vai aceitar.

E também precisa escutar o que seu companheiro não vai aceitar.

O amor, por si só, não vai tornar você mais perceptivo.

Ele pode até fazer com que velhos dramas internos pareçam mais urgentes.

Confronte suas interpretações negativas com a realidade de seu relacionamento. ("É pouco provável que ele me ache feia, pois está sempre dizendo que estou linda.")

Conceda sempre o benefício da dúvida.

Cuidado com as projeções. ("Não é com ele que estou chateada, mas com meu pai, que vivia reclamando de tudo o que eu fazia.")

Relaxe.

Lembre-se de que agora você é um adulto, com percepções e habilidades que não tinha antes.

Aprenda a reconhecer o que está sentindo.

Saiba como diferenciar um sentimento do outro.

Não deixe que seu companheiro fique imaginando o que possa estar errado.

Esteja preparado para falar sobre o que está acontecendo.

"Eu não estou triste. Só preocupado com minha mãe."

᠅

Há sempre mais de uma maneira de interpretar uma situação.

Ninguém precisa estar errado.

Quem está aberto para entender seus próprios sentimentos não precisa agir impulsivamente.

Nada de ficar culpando os outros, ter ataques de fúria, agredir, ficar de mau humor, manipular nem criticar.

São esses comportamentos que arruínam os relacionamentos.

༄

Hábitos emocionais negativos podem ser mudados.

Tente agir de modo diferente algumas vezes. *Você estará criando um novo hábito.*

Use sua força para escolher os melhores comportamentos.

É fácil reagir a suposições como se fossem fatos: "Sei que você acha que estou fazendo tudo errado."
Você pode estar se defendendo de uma ameaça inexistente.
Ou atacando um inimigo imaginário.
Verifique se há verdade nessas suposições perturbadoras.
Dê a si mesmo e a seu companheiro o benefício da dúvida.
Aceite que estava errado.

֍

Nunca manifeste suas queixas ou inseguranças dizendo ao mesmo tempo "não há nada de errado".

Se você precisa se queixar, seja breve.

Fale calmamente sobre o que está sentindo: "Não aguento mais lavar a louça enquanto você navega na internet."

Não grite nem se lamente.

Sugira alguma coisa positiva que inclua o outro: "Acho que devíamos lavar a louça juntos ou nos revezarmos, o que você acha?"

Jamais aborde a questão quando estiver "louco por uma briga", sentindo-se cansado ou com pena de si mesmo.

Não salte de um assunto específico para uma queixa generalizada: "Você sempre deixa tudo nas minhas costas..."

Depois de dizer o que era necessário, siga em frente.

Se acontecer de novo, considere a possibilidade de deixar a louça na pia.

෴

Não tenha medo de negociar.

"Vamos combinar o seguinte: você me liga para avisar quando for chegar tarde e eu concordo em facilitar as coisas quando..."

Cumpra o acordo.

༄

Duas vezes por ano reservem um dia inteiro para conversar sobre o que vocês desejam como casal ou como uma família.

Vão a um lugar bonito e relaxante.

Façam um piquenique. Conversem sobre todos os aspectos de sua vida. Tomem resoluções e anotem suas ideias.

Considerem esses encontros como momentos de celebrar um o outro e o relacionamento de vocês.

Encarem suas resoluções como uma promessa.

Elas irão fortalecê-los.

Além de lembrá-los do que é mais importante para vocês.

O exercício do casal quase perfeito.

Peguem uma folha de papel cada um e escrevam nela sua visão de si mesmos e do seu relacionamento, *mas escrevam como se já houvessem conquistado o que desejam.*

"Resolvemos nossas divergências facilmente." "Conversamos muito." "Quando rezamos juntos, nos sentimos mais próximos de Deus." "Dividimos o cuidado com nossos filhos." "Nos divertimos muito juntos."

Depois de 20 minutos mais ou menos, comparem o que cada um de vocês escreveu.

Sublinhem as frases que expressam as mesmas intenções. Escolham as que são mais importantes *para vocês dois.*

Escrevam numa nova folha apenas as frases selecionadas.

Prendam esse papel num lugar onde fique visível, para que inspire vocês diariamente.

Guardem todas as folhas, com data, numa pasta. À medida que forem repetindo esse exercício ao longo dos anos, essas folhas contarão uma história muito rica.

Encare seu companheiro como uma alma com quem você compartilha uma viagem interior, além da vida cotidiana.

Pense sobre o que pode alimentá-lo internamente e ajudá-lo a ter mais paz e estabilidade.

Reconheça que a conexão de vocês é sagrada.

Isso não significa que ela é solene ou cerimoniosa, mas sim preciosa e cheia de amor.

∽

Crie um "altar da relação" em algum lugar de sua casa.

Coloque lá lembranças de vocês: fotos de momentos importantes, dos parentes e de pessoas que os inspiraram e os apoiaram; imagens de lugares que vocês adoram; algumas frases que expressem o que sentem um pelo outro e como veem a relação.

Renove esse "altar" de tempos em tempos, mudando as lembranças.

Celebrem o relacionamento de vocês como uma criação a dois.

Faça por seu companheiro coisas que ele pode nem notar. Isso vai libertar você da necessidade de ser elogiado.

ॐ

A saúde de seu relacionamento depende da saúde emocional de cada um de vocês.
- Se estiver tenso, estressado ou ansioso, faça alguma coisa para se sentir melhor.
- Dedique um tempo a seu relacionamento, sua família e seus amigos.
- Coma e durma bem.
- Exercite-se todos os dias (vocês podem fazer isso juntos ou separados).
- Reserve um tempo significativo para seu crescimento intelectual e espiritual.
- Limite ou até corte o álcool de sua vida, se estiver irritado, tenso ou agressivo.
- Faça pausas regulares durante seu trabalho.
- Pense nas responsabilidades que vocês têm um para com o outro como um privilégio.
- Encare sua vida como um presente.

Evite o arrependimento.

Se tiver feito alguma coisa da qual se arrependeu, peça desculpas e aprenda com isso.

Se estiver adiando algo importante, *arranje tempo e faça.*

Nunca parta do princípio de que haverá outro dia ou outra oportunidade.

༄

Sintam que vocês são parte de um universo milagroso.

Caminhem, nadem ou corram juntos regularmente.

Ou apenas sentem-se em algum lugar belo e tranquilo e fiquem de mãos dadas.

Cultivem plantas. Observem os insetos. Ouçam o vento e os pássaros.

Olhem as estrelas. Durmam ao ar livre. Observem as fases da lua.

Quando você perde contato com a natureza, também perde contato consigo mesmo.

As palavras mais simples também podem ser as mais poderosas.

"Obrigado."
"Eu entendo."
"Adoro a maneira como você..."
"Que maravilha!"
"Me desculpe."
"Eu te amo."

❧

Você nunca vai poder alcançar o que não puder imaginar.
Seja o companheiro de seus sonhos.

INFORMAÇÕES SOBRE OS PRÓXIMOS LANÇAMENTOS

Para receber informações sobre os lançamentos da
EDITORA SEXTANTE, basta enviar um e-mail para
atendimento@esextante.com.br
ou cadastrar-se diretamente no site
www.sextante.com.br

Para saber mais sobre nossos títulos e autores, e enviar
seus comentários sobre este livro, visite o nosso site:
www.sextante.com.br

EDITORA SEXTANTE
Rua Voluntários da Pátria, 45 / 1.404 – Botafogo
Rio de Janeiro – RJ – 22270-000 – Brasil
Telefone: (21) 2538-4100 – Fax: (21) 2286-9244
E-mail: atendimento@esextante.com.br